はじめに

日本各地には、さまざまな伝統工芸品があります。
その種類は織物や陶磁器、漆器、和紙、人形など、
14種類に分類されます。

伝統工芸品とはどんなものなのでしょうか？

暮らしのなかで使うものを、土地に合った材料や方法をいかして、
主に手作業で作ったものです。
長い歴史を経て、すぐれた技術を使って生みだされてきました。

各地で作られている伝統工芸品の数は1200以上あるといわれています。

この本では47都道府県、各地の伝統工芸品を
イラストで紹介しています。

伝統工芸の歴史やとくちょうを知り、
美しい工芸品のみりょくにぜひ親しんでみて下さい。

北海道 東北地方

- P.4 北海道 　二風谷アットゥシ／二風谷イタ
- P.5 青森県 　津軽塗／南部裂織／こぎん刺し
- P.6 岩手県 　南部鉄器／秀衡塗／岩谷堂箪笥
- P.7 宮城県 　鳴子漆器／宮城伝統こけし／雄勝硯
- P.8 秋田県 　川連漆器／大館曲げわっぱ／樺細工
- P.9 山形県 　置賜紬／天童将棋駒／山形鋳物
- P.10 福島県 　奥会津編み組細工／大堀相馬焼／会津塗

北海道(ほっかいどう)

アイヌの伝統的(でんとうてき)な織物(おりもの)
二風谷(にぶたに)アットゥシ

オヒョウやシナなどの木(き)の皮(かわ)からつむいだ糸(いと)で織(お)った布(ぬの)。せんいが強(つよ)く、風通(かぜとお)しがよいのがとくちょうです。寒(さむ)い北国(きたぐに)で暮(く)らすアイヌの人(ひと)たちにとって、なくてはならないものでした。彼(かれ)らはアットゥシを使(つか)って、着物(きもの)やかべかけ、小物(こもの)などさまざまなものを作(つく)りました。

背中(せなか)やかた、そで口(ぐち)などに、独特(どくとく)のアイヌ文様(もんよう)がししゅうされている。文様(もんよう)には、まよけの意味(いみ)があるといわれている

アイヌ文様(もんよう)が美(うつく)しいおぼん
二風谷(にぶたに)イタ

100年以上前(ねんいじょうまえ)から沙流川(さるがわ)が流(なが)れるところに伝(つた)わる、木(き)でできた浅(あさ)くて平(ひら)たいおぼん。とげの形(かたち)のアイウシノカ、うずまきの形(かたち)のモレウノカ、目(め)の形(かたち)のシクノカ、うろこの形(かたち)のラムラムノカなどのアイヌ文様(もんよう)が彫(ほ)られています。便利(べんり)なうえに、見(み)た目(め)も美(うつく)しい工芸品(こうげいひん)です。

下絵(したえ)にそって線彫(せんぼ)りをしたあと、さらにくぼみを深(ふか)く彫(ほ)っていくことで、表情(ひょうじょう)が出(で)る

アイヌ文様(もんよう)は、自然(しぜん)の草花(くさばな)や動物(どうぶつ)などをかたどったものだよ

アイウシノカ

モレウノカ

シクノカ　ラムラムノカ

青森県(あおもりけん)

きらびやかなもようの漆器(しっき)
津軽塗(つがるぬり)

弘前市(ひろさきし)を中心(ちゅうしん)とした県西部(けんせいぶ)で作(つく)られる漆器(しっき)。昔(むかし)、津軽藩(つがるはん)の藩主(はんしゅ)が全国(ぜんこく)から職人(しょくにん)を集(あつ)めて漆器作(しっきづく)りをさせたのがはじまりといわれています。主(おも)に青森(あおもり)ヒバの木(き)で作(つく)った器(うつわ)の木地(きじ)に、いろいろな色(いろ)うるしを何度(なんど)もぬり重(かさ)ねたあと、表面(ひょうめん)を石(いし)や炭(すみ)でとぎます。すると、下(した)の色(いろ)うるしがあらわれ、きらびやかなもようになり、じょうぶな漆器(しっき)ができあがります。

津軽塗(つがるぬり)の代表的(だいひょうてき)な技法(ぎほう)「唐塗(からぬり)」は、はん点(てん)もようがとくちょう

昔(むかし)は、畑仕事(はたけしごと)のない時期(じき)に女性(じょせい)が仕事着(しごとぎ)や帯(おび)、こたつのかけ布(ぬの)などを織(お)っていた

布(ぬの)をリサイクルした工芸品(こうげいひん)
南部裂織(なんぶさきおり)

使(つか)い古(ふる)しの布(ぬの)を細(ほそ)くさいたものを、よこ糸(いと)に用(もち)いて織(お)った織物(おりもの)。じょうぶで温(あたた)かく、使(つか)い続(つづ)けるほどやわらかくなり、使(つか)い心地(ごこち)がよくなっていきます。江戸時代(えどじだい)、寒(さむ)い南部地方(なんぶちほう)では、木綿(もめん)が育(そだ)ちにくく貴重(きちょう)でした。大切(たいせつ)な木綿(もめん)をむだにしないため、このようなリサイクルの方法(ほうほう)が生(う)まれました。

こぎん刺(さ)しの基本(きほん)の図案(ずあん)をモドコという。これらの図案(ずあん)を組(く)み合(あ)わせて、もようを作(つく)る

図形(ずけい)で作(つく)られたもようがとくちょうの刺子(さしこ)
こぎん刺(さ)し

300年(ねん)以上前(いじょうまえ)に津軽地方(つがるちほう)で生(う)まれた刺子(さしこ)というししゅうの一(ひと)つです。染(そ)めた麻(あさ)の布(ぬの)に、白(しろ)い木綿糸(もめんいと)でししゅうします。昔(むかし)、農民(のうみん)たちが保温性(ほおんせい)と布(ぬの)の強度(きょうど)を高(たか)めるために、着物(きもの)に刺子(さしこ)をするようになりました。

岩手県（いわてけん）

南部鉄びんは、南部鉄器の代表的な工芸品。「あられ」と呼ばれる、つぶつぶもようが有名

鉄びんでわかしたお湯には、からだに吸収されやすい鉄分がとけ出しているから、からだにいいのよ

茶道具として発展した鉄製品
南部鉄器（なんぶてっき）

南部鉄器は、とかした鉄を型に流しこみ、冷やしかためて作ります。江戸時代、南部藩主が茶道を広めるために京都から職人を呼び、茶がまを作らせたのがはじまりです。砂鉄や木炭、うるし、ねん土など鉄器作りに必要な資源に恵まれたことや、歴代の藩主が職人を守り育てたことで、大きく発展しました。

金ぱくとうるしをぜいたくに使った器
秀衡塗（ひでひらぬり）

ひし形に金ぱくをはり、うるし絵で草花を描く

平安時代末期に奥州平泉（現在の平泉町）で栄えた藤原氏。その3代目・秀衡の名前がついた漆器「秀衡塗」は、どっしりとした形と、金・黒・朱の3色で描かれるもようがとくちょうです。

うるしと金具でかざられたたんす
岩谷堂箪笥（いわやどうたんす）

うるしのおちついた色合い。かざり金具には南部鉄器が使われることもある

岩谷堂地方（現在の奥州市江刺区あたり）で作られるたんす。どっしりとした作りや、美しいうるしぬり、かざり金具がとくちょうです。江戸時代に岩谷堂城主がたんす作りを命じたことで、さかんになりました。車輪つきのたんすが作られ、鍛治職人がかざり金具をつけたのが、岩谷堂箪笥の原型とされています。

宮城県

日用品として親しまれる漆器
鳴子漆器

江戸時代、岩出山藩主が職人を京都に行かせて、漆器作りの技術を持ち帰らせました。ぬり方にとくちょうがあります。「木地呂塗」は、あめ色の透明なうるしで木目をうかびあがらせます。「ふき漆仕上げ」は、透明なうるしをすりこんでつやを出します。墨汁を流したようなもようの「竜文塗」は、鳴子漆器だけの技法です。

木地呂塗　　竜文塗

しっとりとした美しさがみりょく。使い勝手がよく、じょうぶなことから、日用品として人気がある

円筒形に切りわけた木をロクロにとりつけて回転させながら、カンナをあててけずり、形をととのえる

そぼくで愛らしい木の人形
宮城伝統こけし

今から約200年前に、東北地方の温泉地で生まれました。おわんなどの木工品を作っていた職人が、子供のおもちゃとして木で人形を作ったのがはじまりとされています。やがて、こけしは温泉地のみやげものとして広まり、全国で親しまれるようになりました。

産地によって、形やもようがちがう

東京駅の駅舎の屋根にも、雄勝石が使われているって知ってた？

2億5000万年前の石で作るすずり
雄勝硯

石巻市の雄勝町でとれる雄勝石は、地中深くにしずんだどろが積み重なり、かたまってできた岩石です。石の表面をけずってなめらかにし、うるしや墨を使ってつやを出します。雄勝では600年以上前からすずり作りの歴史があり、江戸時代には仙台藩に保護されて、ますますさかんになりました。

すずりに最適な雄勝石は、ちょうどよいかたさで、水をすいにくく、長持ちする

秋田県(あきたけん)

毎日使える実用的な漆器
川連漆器(かわつらしっき)

湯沢市の川連地区で作られる漆器。しっかりとした作りで、毎日使うのにちょうどよい器です。馬のしっぽをたばねて作ったはけで、生うるしを木地に直接ぬる「地ぬり」という下地ぬりがとくちょう。木地がゆがみにくくなり、器が長持ちします。

鎌倉時代から作られていて、800年の歴史がある。おわんやおぜん、おぼん、重箱など幅広い種類の器が作られている

秋田杉の木目をいかした器
大館曲げわっぱ(おおだてまげわっぱ)

主に大館市で生産される、秋田杉のうすい板を曲げて作った器。秋田杉は年輪がほぼ同じはばでできるので、美しい木目の製品ができます。古くは農家や木こりの副業でしたが、江戸時代に秋田藩主が藩の財政をよくするために、武士たちにも曲げわっぱ作りをさせるようになりました。

秋田杉は軽くて、よぶんな水分を吸収してくれるので、お弁当箱などにぴったり

一品一品、風合いがことなる
樺細工(かばざいく)

サクラの木の皮で作られる工芸品。うすくはいでみがいたヤマザクラの樹皮を、ニカワという動物の骨や皮などで作った接着剤のようなもので、木地につけます。木の大きさや樹齢、みがき方などによって、樹皮の色や手ざわりはさまざまです。

「樺細工」の樺は、昔は木の皮を指す言葉だったから、サクラでも樺細工っていうんだよ!

なかに入れたものがしけりにくく、乾燥しにくい。茶葉を入れておく茶筒や、大切なものを保管する整理箱などにむいている

山形県(やまがたけん)

そぼくで温かみのある絹織物

置賜紬(おいたまつむぎ)

米沢市(よねざわし)や長井市(ながいし)、白鷹町(しらたかまち)あたりで作られる絹織物。もともと、この地はカイコを育てて、そのまゆから糸を作る産業がさかんでした。また、糸を染めるのに使う草木やベニバナも多くとれました。古くから地元に伝わる技術にくわえ、京都から技術を学んで取り入れたことで、さらに発展しました。

先に糸を染めから織る「かすり」や「しま」の絹織物

将棋ファンあこがれのブランド駒

天童将棋駒(てんどうしょうぎごま)

「将棋の街」として有名な天童市では、全国の将棋駒の9割以上を生産しています。江戸時代の終わりごろ、織田藩家老だった吉田大八が、米不足などで生活に困った武士たちに内職として、駒作りをすすめました。

木目と木肌、駒文字の美しさがみりょく

一つの駒を作るのに、木地師、書き師、彫り師、盛上げ師の四人の職人さんが必要なの

独特な製法で作られる

山形鋳物(やまがたいもの)

山形鋳物は、うすくてこまやかな表面の質感と、形の上品さがとくちょうです。素材には鉄が多く使われます。最近はステンレスと鉄を組み合わせたものなどもあり、作り手の感性やアイデアで、いろいろな可能性が広がっています。

湯釜や花器、つぼなどは、多くの茶人たちに愛されてきた

福島県

身近な植物を材料にした編み細工
奥会津編み組細工

奥会津地方の山に生えているヒロロの葉やヤマブドウ、マタタビのつるなどを使って作られる、手編みの細工。乾燥させたつるをより合わせてなわ状にし、かごやバッグなどを編みます。マタタビで編んだザルは、水がよく切れるので、米をといだり、野菜を洗ったりするのに便利です。

ヒロロ　ヤマブドウ　マタタビ

雪が深い奥会津の自然のなかでたくましく育った植物のせんいは、強くてしなやか

美しいひびもようがとくちょうの焼物
大堀相馬焼

「走り駒」は、相馬藩の御神馬の絵で、馬の走る姿が描かれている

「二重焼」は、大きさのちがう器を二つ重ねて焼く技法

浪江町の大堀地区で生産される焼物。特色は「青ひび」と「二重焼」。かま焼終了後、冷めていく途中でかまの温度が100℃くらいになったとき、とびらを開けるとピーン、ピーンと美しい音を立てて、表面全体にこまかく「青ひび」が入ります。この音は、"うつくしまの音30景"にも選ばれた音色です。「二重焼」はお湯を入れても冷めにくく、熱さを感じずに手で持つことができます。

手のこんだ装飾がみりょくの漆器
会津塗

古代から会津では朱や黒のうるしをぬった漆器が作られていました。会津塗は「まき絵」や「沈金」がとくちょうで、日用品として多くの人に愛されています。歴代の会津藩の領主が漆器作りをすすめたことで技術が高まりました。

うるしで文様を描いたうえに金粉や銀粉、色粉を散らす「まき絵」や、表面に浅くみぞをほり、そこに金ぱくをすりこむ「沈金」でかざられる

関東地方(かんとうちほう)

- P.12 茨城県(いばらきけん)　笠間焼(かさまやき)／結城紬(ゆうきつむぎ)／真壁石燈籠(まかべいしとうろう)
- P.13 栃木県(とちぎけん)　益子焼(ましこやき)／日光彫(にっこうぼり)
- P.14 群馬県(ぐんまけん)　伊勢崎絣(いせさきがすり)／桐生織(きりゅうおり)
- P.15 埼玉県(さいたまけん)　春日部桐箪笥(かすかべきりたんす)／岩槻人形(いわつきにんぎょう)
- P.16 千葉県(ちばけん)　房州うちわ(ぼうしゅううちわ)／唐桟織(とうざんおり)
- P.17 東京都(とうきょうと)　東京銀器(とうきょうぎんき)／江戸からかみ(えどからかみ)／江戸切子(えどきりこ)
- P.18 神奈川県(かながわけん)　鎌倉彫(かまくらぼり)／箱根寄木細工(はこねよせぎざいく)／小田原漆器(おだわらしっき)

茨城県(いばらきけん)

笠間ねん土は鉄分を多くふくむため、そのまま、かまで焼くと赤黒い色になる。うわぐすりをかけたり、絵を描いたりして、いろいろな色がらにする

笠間でとれるねん土で作った焼物

笠間焼(かさまやき)

滋賀県の信楽焼の流れをくむ笠間焼は、江戸時代の中ごろにはじまりました。関東では、もっとも古い歴史をもつ焼物です。笠間焼に使われる「笠間ねん土」はねばりが強く、焼くとじょうぶな陶器になります。食器や花びん、置物などさまざまな用途に使われます。

結城紬は国の重要無形文化財。2010年には、ユネスコの無形文化遺産に登録されたのよ

昔の天皇も着ていた高級な絹織物

結城紬(ゆうきつむぎ)

結城市を中心に、となりの栃木県小山市でも作られている絹織物。軽くて着心地がよく、しまやかすりのもようが入っています。結城紬の歴史は、奈良時代にまでさかのぼるといわれています。その品質のよさから、当時の朝廷や幕府にも納められていました。

カイコのまゆから糸をつむぎ、織機で織りあげるまで、30以上もの工程がある。手間と時間がかかるため高級品

質のよい花崗岩を使った灯籠

真壁石燈籠(まかべいしとうろう)

真壁地方では良質な花崗岩がとれます。真壁は筑波山のふもとにある町で、古くから石を加工して庭石や墓石、灯籠などを作っていました。「真壁石燈籠」は江戸時代の中ごろ、神社に奉納されたのをきっかけに、神社仏閣に納められるようになりました。

石のやさしい色合いと美しい彫刻がとくちょうで、そのたたずまいは風格がある

栃木県(とちぎけん)

おちついた風合いの焼物
益子焼(ましこやき)

江戸時代に、茨城県笠間で焼物を学んだ職人によって益子焼がはじまりました。ねん土を使った厚手の焼物で、そぼくな味わいがあります。鉢や水がめ、土びんなど、主に日用品として使われます。大正時代になり、のちに人間国宝となる陶芸家・濱田庄司が益子焼の芸術性を高めたことで、工芸品としても有名になりました。

益子は焼物にふさわしい質のよいねん土がとれる。現在、益子には200をこえるかまがある

益子では毎年、春と秋に陶器市が開かれるほど、焼物がさかんなんだ

東照宮の彫刻師がはじめた工芸品
日光彫(にっこうぼり)

徳川家康をまつる日光東照宮の建物には、ごうかで手のこんだ彫刻がほどこされています。この彫刻を彫るために、江戸時代に全国から職人が集められました。その職人たちがおぼんやたんすなどに彫刻をしたのが、日光彫のはじまりです。深く、力強い彫りがとくちょうです。

ひっかきという刃物で、手前に引いて彫る「ひっかき彫り」と、絵のまわりに棒状の金属を打ちこんで、たくさんのくぼみを作り、もようをうきださせる「石目打ち」

ひっかき彫り　　石目打ち

群馬県

あざやかな色とかすりが美しい織物

伊勢崎絣

親しみやすいふだん着用として人気の絹織物。「括り絣」や「板締絣」、「なっ染加工」という技法がとくちょうです。「括り絣」は、図案にそって染めた糸をかすりもように織りあげます。布を板にはさんで染める「板締絣」は、こまかいかすりもようが作れます。型紙を使ってヘラやはけで色を染める「なっ染加工」は、複雑なもようができます。

かすりもようは、十字になっていたり細かい線が散っていたりするのがとくちょう。りんかくは、少しかすれて見える

> 1600年の関ヶ原の戦いで、徳川家康は桐生織の白旗を使ったんだって！

さまざまな表情をもつ絹織物

桐生織

桐生市を中心に作られる「桐生織」は、奈良時代にはすでにあったといわれています。明治時代にはジャカード機という機械をとり入れ、世界で有数の織物の産地になりました。シボという凹凸が表面に出る「お召織」や、8色以上のよこ糸でもようを織る「緯錦織」など、表情豊かな7種類の織り方があります。

桐生織はその技術の高さや長い歴史から、「西の西陣、東の桐生」と呼ばれて一目おかれている

埼玉県

春日部桐箪笥

火事に強いと評判のたんす

キリの木が手に入りやすかった春日部市で、たんす作りがさかんになったのは、江戸時代。日光東照宮を建てるために集められた職人たちが、春日部に住みつき、家具を作りはじめたのがきっかけです。「春日部桐箪笥」は燃えにくく、軽くて運びやすいので、火事のときに便利だとして注目を集めました。

キリの木肌をいかしたシンプルな作りが、江戸の武士たちによろこばれた

岩槻人形

江戸時代にはじまる木目込人形

岩槻の人形には「岩槻人形」と「江戸木目込人形」があります。岩槻人形は美しい衣装をまとった人形で、市松人形やひな人形、五月人形などがあります。江戸木目込人形はキリの木の粉をのりでかためたどう体にみぞを彫り、衣装の布地を押しこんで作る人形です。京都の技法が伝わり、岩槻を代表する工芸品となりました。

岩槻は、人形の生産数で全国一なんだよ。「流しびな」や「人形供養祭」など、人形のお祭りもいっぱい！

岩槻人形

江戸木目込人形

木目込した衣装は型くずれしにくく、長持ち

千葉県

房州うちわ
1本のタケで作る、丸い柄のうちわ

温暖な気候の房州（千葉県南部）は、うちわの骨の材料になるメダケがたくさん生えています。明治10年に那古町（現在の館山市那古）ではじまった房州うちわ作りは、近くの漁師町の女性たちの仕事として広がっていきました。1本のタケから作られるうちわは、しなりがよく、軽くてじょうぶです。

タケを細くさいて、糸で交互に編みあげて骨を作る。タケの丸みそのままの「丸柄」はわれにくく、にぎりやすい

骨にのりをぬって和紙や布のうえにおき、骨の角度を1本ずつ調整しながらはる

唐桟織
まるで絹のような木綿織

細い木綿糸を使って、独特のたてじまに織られた「唐桟織」は、絹を思わせるつやと手ざわりです。ぜいたくが禁じられていた江戸時代の終わりごろ、高価な絹のかわりとして流行しました。昔は関東一帯で作られていましたが、現在は伝統的な手法で作っているのは館山市だけです。

こまかいしまがらがしぶくて、江戸っ子好みの粋な美しさ。しまようは伝統のがらから新作まで、約130種類ある

唐桟織はインドのサントメ地方から伝わったので、別名「桟留縞」とも呼ばれているのよ

赤系

青系

東京都

平安時代に使われていた食器
東京銀器

東京銀器のはじまりは、江戸時代の中ごろ。平安時代にはすでに食器として使われていたといわれています。当時の江戸には、金銀を使って小判を作る工場があり、銀で道具を作ったり、金属に細工をしたりする職人がいました。そのときの技法は現在にも受けつがれており、日本の銀製品の約9割は東京で作られています。

お香をたく「香炉」。そのほか、食器やくし、かんざしなどの銀製品が作られていた

「はく散らし」という技法では、こまかくした金や銀のはくを、和紙にのせてかざる

絵具や金ぱく、銀ぱくでかざりつけた和紙
江戸からかみ

「からかみ」とは、ふすまやしょうじ、びょうぶなどに使われる和紙のこと。江戸からかみは、江戸時代に京都から技法が伝わり、武家や町人が好む、しゃれたデザインへと発展していきました。現在は、はがきやびんせん、うちわ、照明器具、かべ紙など、さまざまなものに使われています。

回転する円ばん形の刃に、ガラスの表面をあててけずる。下絵なしにけずるので、職人の経験とかんが命

ふくざつにカットされたガラス工芸
江戸切子

「切子」は、ガラスの表面をけずる技法。江戸切子は、江戸時代にヨーロッパのカットグラスを参考にして作られたのがはじまりです。その後、イギリスから技術を導入し、今のようなふくざつなカットもできるようになりました。昔は透明なガラスを加工していましたが、今は青や赤、むらさきなどの色のついたガラスがよく使われます。

神奈川県（かながわけん）

寺で使う道具から進化した工芸品
鎌倉彫（かまくらぼり）

鎌倉幕府が開かれて文化の中心となった鎌倉では、たくさんの寺が建てられました。そのとき中国から、寺で使う道具として漆器のおぼんなどがもたらされました。これが鎌倉で発展して、日本らしい作風の「鎌倉彫」になりました。とくちょうは、草花の力強い彫刻と、やわらかさと温かみを出したうるしぬりです。

いくつもの種類の彫刻刀を使いわけて、草花のいきいきとしたようすを彫る。刃のあとをわざと残してあるのも力強い印象

ユニークなもようが楽しい木製品
箱根寄木細工（はこねよせぎざいく）

「寄木」とは、色や材質のことなる木材を、さまざまに組み合わせて、ふくざつなもようを作る技。木材の豊富な箱根や小田原周辺では、ケヤキやマユミ、アオハダなど50種類をこえる木を使って、おぼんや箱などが作られています。江戸時代の末に、箱根の畑宿という地区に住む職人によって考えだされました。

木材を組み合わせて「種板」を作る。これをカンナで紙のようにうすくけずったものを、小箱などにのりではりつけていく

ケヤキの木目が引き立つ漆器
小田原漆器（おだわらしっき）

箱根の山々で育ったケヤキの木で作った器に、うるしをぬってしあげます。自然の木目をいかした「摺漆塗」や「木地呂塗」が主な技法です。室町時代に、北条氏康が小田原漆器を発展させるため、うるしぬりの職人を呼びよせました。このとき、「彩漆塗」という朱や黒のうるしをぬる技法が伝えられ、小田原漆器のもう一つのみりょくになりました。

材料として使われるケヤキは、かたさがあり、ゆがみが少ない。また、シンプルな形なので、あきずに長く使える

中部地方

- P.20 新潟県　越後上布／加茂桐簞笥／本塩沢
- P.21 富山県　井波彫刻／高岡銅器／越中和紙
- P.22 石川県　九谷焼／金沢箔／輪島塗
- P.23 福井県　越前和紙／若狭めのう細工／越前焼
- P.24 山梨県　甲州手彫印章／甲州印伝／甲州水晶貴石細工
- P.25 長野県　木曽漆器／松本家具
- P.26 岐阜県　一位一刀彫／美濃焼／岐阜提灯
- P.27 静岡県　駿河雛人形／駿河竹千筋細工
- P.28 愛知県　尾張七宝／有松・鳴海絞／岡崎石工品

新潟県

越後上布

風通しがよくすずしい麻織物

南魚沼市の塩沢地域や六日町地域で作られる、最高級の麻織物。小千谷市の「小千谷縮」とともに、それぞれの市の指定無形文化財です。市の指定にそわないものは、普及品として広く愛用されています。また、とくに伝統的な技法を守って作られたものは、国の重要無形文化財、およびユネスコの無形文化遺産に指定されています。

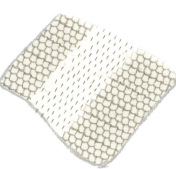

越後上布も小千谷縮も同じ平織の麻織物だが、小千谷縮は生地の表面に「シボ」と呼ばれる凹凸がある

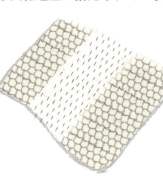

加茂桐箪笥

何世代も使える桐たんす

国内および新潟県内産の、質のよいキリの木を使って作られるたんす。キリは虫や湿気をよせつけず、木目も上品で美しいことから、たんすにはもってこいです。また、表面の色が悪くなっても、けずれば新品同様になるので長く使えます。

キリは、ゆがみや変色の少ない木材にするため、3年ほど自然乾燥させる

本塩沢

縮の技術をいかした絹織物

南魚沼市の塩沢地域や六日町地域で作られる絹織物。昔から「塩沢お召」の名で親しまれてきました。この地域の麻織物に使われる「縮」の技法を絹織物に応用しているため、生地の表面に「シボ」と呼ばれる凹凸があります。肌ざわりはさらりとしています。

強いよりをかけたよこ糸を使って織りあげる。そのあと、お湯のなかでもむと、糸のよりが戻り、「シボ」ができ

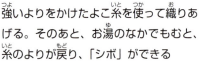

20

富山県(とやまけん)

美しい透かし彫のらんまが有名

井波彫刻(いなみちょうこく)

最大のとくちょうは、板の表と裏からもようをくり抜く「透かし彫」の技法です。高い技術がなくてはできないこの技法は、江戸時代に京都の職人によって伝えられました。はじめは寺院の彫刻が中心でしたが、明治時代になると住宅のらんまやついたて、置物などがたくさん作られるようになりました。

らんまは、天井と障子やふすまのあいだにはめる木の枠。透かし彫にすることで、風通しがよく、日光も入りやすくなるんだ

さまざまな金属で作られる鋳物

高岡銅器(たかおかどうき)

表面にみぞを彫り、金や銀をうめこむ「象がん」や、化学反応を利用した着色など高い技術が使われる

高岡銅器は、高岡市で作られる金属加工品のこと。金、銀、銅、青銅、鉄、亜鉛、アルミ合金、スズなど、さまざまな金属が用いられます。高温で金属をとかし、型に入れてかためる「鋳物」です。江戸時代に鋳物師を招いて、高岡市金屋町に鋳物工場を開いたのがはじまりです。

県の3地域で作られる3種の和紙

越中和紙(えっちゅうわし)

コウゾ・ミツマタ・ガンピなどの植物のせんいをこまかくし、トロロアオイのねばりけのある根から作った液体とまぜる。これをうすくすいてかわかすと和紙の完成

コウゾ　ミツマタ　ガンピ

トロロアオイ

下新川郡朝日町、富山市八尾町、南砺市五箇山地方などで作られる「八尾和紙」、「五箇山和紙」、「蛭谷紙」の三つをまとめて、「越中和紙」といいます。八尾和紙は江戸時代に、薬のつつみ紙としてさかんに作られました。五箇山和紙は、加賀藩に納める高級和紙として発展しました。蛭谷紙は、障子紙などの生活道具として使われていました。

石川県

5色のはなやかな絵の陶磁器
九谷焼

九谷焼は江戸時代のはじめに生まれました。しかし、50年ほどで急に作られなくなり、それからおよそ100年後に復活したという、めずらしい歴史をもちます。そのため、昔の九谷焼を「古九谷」、復活後のものを「再興九谷」といいます。

古九谷には五彩すべてを使う。再興九谷には、赤以外の4色を使う「吉田屋」や、赤だけの「飯田屋（赤絵）」などがある

五彩とは、赤・黄・緑・紫・紺青の5色のこと

京都の金閣寺にも使われる金ぱく
金沢箔

金沢市で作られる金ぱく。昔から金沢市では金ぱく作りがさかんで、今は全国の99パーセント以上の金ぱくを生産しています。漆器や仏だん・仏具などにはったり、織物のせんいといっしょに織ったりと、さまざまな伝統工芸に使用されています。

100パーセントの純金に、銀や銅をわずかにくわえた合金を、うすくのばして作る。そのうすさは、わずか1万分の1～2ミリ

うるしをぜいたくに使った器
輪島塗

輪島市で作られる漆器。室町時代の中ごろには、すでに作られていました。器の材料となるケヤキやアテの木、うるし、そしてうるしにまぜる「地の粉」が、この地ではたくさんとれます。輪島塗は地の粉をまぜたうるしをたっぷり使い、何度もぬり重ねていきます。こうすることで、じょうぶで、つやのある美しい漆器になります。

うるしをぬったあと、表面に金ぱくをはったり、金・銀の粉をまいたりして装飾をすることもある

福井県

越前和紙
身分の高い人が使っていた高級紙

越前市に伝わる伝統的な手すきの和紙。古くは奈良時代、仏教のお経を書き写す「写経用紙」として使われました。戦国時代以降は公家や武士が用いる紙として、幕府に守られ発展しました。明治時代には、お札としても使われていました。

自然の草木で作った押し花や染料などで、がらや絵を描いた越前和紙もある

若狭めのう細工
高温で赤く色づいた、めのう

めのうは、年輪に似たしまもようのある半透明の石です。原石を200〜300℃で焼くと赤くなります。この「焼き入れ」の技法は、江戸時代に若狭で完成しました。当時は、美しい赤色をしためのうを丸い玉にして、じゅずや、かんざしなどにして大事にしました。今はこまかな細工をして、お香をたく香炉や仏像、アクセサリーなどいろいろなものが作られています。

めのうはかたい石のため、単純な加工でも3日、こまかい細工の作業は1ヶ月以上かかる

めのうの原石

越前焼
そぼくでじょうぶな焼物

丹生郡越前町で作られる、茶色っぽい焼物。うわぐすりをぬらないで、自然釉で焼いているのがとくちょうです。自然釉とは、かまのなかで陶器を焼くとき、自然にふりかかった灰が高熱でとけて、陶器の表面にガラス状の層ができるもの。越前焼は水を通さずじょうぶなことと、そぼくな味わいから、ふだんに使う陶器として人気があります。

かまのなかで高温で焼くことで、土がぎゅっとしまって、水を通さず、われにくい陶器ができる

山梨県

一つずつ手で彫った、はんこ
甲州手彫印章

印章とは、はんこのことです。はんこのもとになる印材には、水晶やツゲの木、水牛の骨などが使われます。これに、手彫りで逆文字などを彫っていきます。甲州では水晶細工がさかんだったため、その彫刻技術が印章作りにもいかされました。

文字を彫るめんをみがいて平らにする「印面摺」と、彫刻刀で逆文字を彫る「字入れ」が伝統的な技法

鹿革にうるしでもようをつけた工芸品
甲州印伝

小桜

トンボ

青海波

甲府市に江戸時代から続く、鹿革の工芸品。印伝とは、なめしてやわらかくした革にうるしでかざりつけをした袋物のこと。きんちゃくや財布、かばんなどが作られます。印伝のみりょくの一つは、うるしで描かれる美しいがら。小桜やトンボ、青海波など「江戸小紋」と呼ばれる伝統的なもようが使われます。

鹿革のうえに型紙をおき、ヘラでうるしをぬる。そして、型紙をはずすと、うるしのもようがうかびあがる

半円形の鉄板に金剛砂という石の粉末をまいて、水晶をみがいていく

水晶に細工をした工芸品
甲州水晶貴石細工

甲府市や甲州市、甲斐市などで作られる水晶工芸。甲州市にある御岳昇仙峡の奥地で昔、たくさんの水晶がとれました。江戸時代になって、京都の職人から水晶をみがく技術が伝えられ、水晶工芸がさかんになりました。

長野県

中山道の文化とともに成長した漆器
木曽漆器

木曽には、質のよいヒノキなどの木がたくさんあります。これで器やおぼん、机などを作り、うるしをぬったのが「木曽漆器」です。昔はうるしをかんたんにぬるだけでしたが、やがて漆器の下地材に適した、鉄分を多くふくむねん土質の「錆土」が地元で発見されました。これとうるしをまぜることで、じょうぶで美しい漆器を作る独自の技術が生まれたのです。

色あざやかな「塗り分け呂色塗」、木目をいかした「木曽春慶」、まだらもようの「木曽堆朱」の三つが伝統的な技法

塗り分け呂色塗

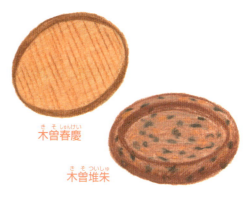

木曽春慶

木曽堆朱

歴史ある伝統の和家具
松本家具

松本市は、松本城の城下町として栄えた街です。市の周辺にはケヤキやナラなどの木材がたくさんあり、これらを使ってたんすや食卓などの家具が作られるようになりました。空気が乾燥していて、木材をかわかすのにもぴったりでした。

丸太から切りだした木材をていねいに組み立て、何十回もうるしをぬり重ねる

岐阜県

一位一刀彫
木の美しさそのままの彫刻

飛騨地方でとれるイチイという木で作られる工芸品。イチイは輪切りにすると、中心が赤っぽく、外側が白っぽい色をしています。一位一刀彫のとくちょうは、この「赤太」、「白太」と呼ばれる部分の色をいかして作るところです。刃物はノミだけを使い、あえて刃のあとをするどく残します。

赤太、白太の色味をいかすため、色づけはしない。イチイは油分が多い木なので、年月とともにつやが出てくる

イチイの木の輪切り

信長の時代は茶の湯が人気で、いろいろな茶わんが作られたんだ

美濃焼
織田信長に愛された焼物

多治見市や土岐市、瑞浪市を中心に作られる焼物。このあたりは焼物にぴったりの土がとれ、かまを焼くための材木も豊富でした。そのため、奈良時代から焼物が作られていて、安土桃山時代には茶の湯の流行とともに、茶人好みの焼物が多く生産されました。これを「美濃桃山陶」といい、織田信長が好んだともいわれています。

うわぐすりの下に鉄で描かれた絵がうかぶ「志野」

黄色のうわぐすりをかけた「黄瀬戸」

緑色のうわぐすりをかけた「青織部」

岐阜提灯
タケと美濃和紙などで作るちょうちん

岐阜市、山県市を中心とする美濃地方で作られるちょうちん。このあたりはタケが豊富にとれました。また、美濃和紙という和紙の名産地でもありました。これらの特性をいかしてはじまったのが、ちょうちん作りです。尾張藩への献上品として作られていたことから全国的に有名になりました。

竹ひごを組み合わせて、球形または卵形にし、そこに美濃和紙などをはる。秋草や風景などが描かれることが多い

静岡県

駿河雛人形

ふっくらしたからだつきの人形

もともとは学問の神様「天神様」を土で作っていましたが、そのうち、どう体のうえに布で作った着物を着せるようになりました。これが「駿河雛人形」のはじまりです。とくちょうであるふくよかな体型は、土台がイネのワラで作られています。静岡県は米作りがさかんで、ワラが手に入りやすかったからです。

手の位置を決める「振り付け」は、職人のうでの見せどころ。振り付けを見れば、だれの作品かわかるほど個性が出る

駿河竹千筋細工

細い丸ひごで作った竹細工

静岡県は昔からタケがよくとれたことから、竹細工がさかんでした。江戸時代、幕府と藩を行き来する参勤交代のとちゅうで、大名たちが、かご枕を気に入って買い求めたといいます。駿河竹千筋細工がほかの竹細工とちがうのは、丸ひごを使うこと。タケを熱で曲げて輪っかにしたものに丸ひごを差していき、かごやかばんを作ります。

千筋は、「畳のはば約90センチに1000本ならぶ細さ」という意味。すごく細い竹ひごなんだね

丸ひご

タケを細くわったひごを、鉄板の穴に通して角をけずって丸ひごを作る。すべての作業を職人が一人で行う

愛知県

宝石のように美しい焼物
尾張七宝

「七宝」とは、金や水晶、さんごなど、七種の金属や宝石のこと。それらと同じくらい美しいという意味で、「七宝焼」という名前がついています。多くの焼物は土やねん土で作りますが、七宝焼は銅や銀などの金属を素材に使います。そして、表面にはガラス質のうわぐすりをかけて、図柄を描きます。尾張地方で作られる「尾張七宝」は、図柄のふちどりを銀線でするのが代表的な技法です。

下絵にそって銀線をのりでのせていく。この技法を「植線」という

白と藍の色合いが美しいしぼり染め
有松・鳴海絞

主に名古屋市有松町・鳴海町で作られる、しぼり染めされた織物。木綿や絹の生地を糸でしばり、天然染料または化学染料につけます。そして、糸をほどくと、しばっていた部分には染料が入らず、白いままで残ります。これがしぼりの技法です。東海道を通る旅人がしぼりの手ぬぐいや、ゆかたなどを買っていき、全国的に名が広まりました。

しぼりで作るもようは、糸のしばり方によって変わる。その技法は100種類もある

室町時代から続く石灯籠が有名
岡崎石工品

石灯籠は、岡崎市を流れる矢作川から、千石船っていう大きな船で日本全国に運ばれたんだ

六角雪見型

春日型

岡崎市では、花崗岩という石工品にむいた石がとれます。400年以上の長い歴史をもつ「岡崎石工品」は、とくに灯籠彫刻で知られています。室町時代に、岡崎城を整備するために大阪から集められた職人たちが、技をみがいて灯籠作りをはじめました。

最近では、洋風の庭に合う形も作られている

近畿地方

- P.30 三重県　伊勢形紙／伊賀くみひも／鈴鹿墨
- P.31 滋賀県　信楽焼／近江上布
- P.32 京都府　西陣織／京扇子／京焼・清水焼
- P.33 大阪府　大阪唐木指物／大阪浪華錫器／大阪金剛簾
- P.34 兵庫県　豊岡杞柳細工／播州そろばん／播州毛鉤
- P.35 奈良県　高山茶筌／奈良筆
- P.36 和歌山県　紀州簞笥／紀州漆器

三重県

色数の多い着物を染めるときは、300枚以上の型紙を使うこともあるんだって!

3枚重ねの美濃和紙を、くり返し柿渋につけてかわかしたものに、こまかいがらを一つ一つ手で彫る

600年以上日本の着物文化を支えてきた

伊勢形紙

着物などに使う布を染めるとき、紋様をつけるために、布を染まりにくくするのりを部分的にぬっておくことがあります。「伊勢形紙」は、そのときに使う型紙です。国内で使われる型紙のうち、99パーセント以上が鈴鹿市で作られています。歴史ある紋様は、日本だけでなく世界的に注目されています。

色とりどりに編まれた、くみひも

伊賀くみひも

「くみひも」はさまざまな色に染めた絹糸を、ひも状に組んでいく伝統工芸。着物の帯じめや羽織のひもに、よく使われます。昔は、武士が使う刀のかざりとしても人気でした。明治時代に、江戸くみひもの技術を学んだ職人が今の伊賀市あたりに工場を作ったのがきっかけで、この地に根づきました。

ひもの組み方はさまざま。伊賀くみひもでは、組台といわれる道具に糸をセットし、手で組んでいく「手組みひも」が有名

発色よく、なめらかな書き味の墨

鈴鹿墨

肥松のススを集めて、水牛の骨や皮を煮つめて作ったニカワと練り合わせる。形をととのえて、半年以上じっくりかわかす

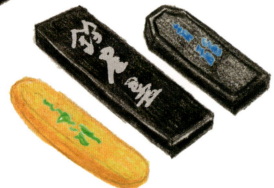

鈴鹿の山には、墨の原料となる肥松(幹の太ったマツ)がたくさん生えています。肥松はヤニを多くふくみ、燃やすと良質なススが出て、よい墨を作ることができます。鈴鹿墨は筆で書くときのすべりがよく、上品で深みのある黒色です。江戸時代には墨染の染料や、家紋を書くときの墨として、よく使われました。今も書道家にファンがたくさんいます。

滋賀県

愛らしいタヌキの置物で有名な焼物
信楽焼(しがらきやき)

甲賀市信楽町で作られる焼物。信楽の土は、こしがあって形が作りやすく、大きなつぼなどにもぴったりです。かまで焼くと、燃やしたまきの灰が表面について、赤や黒っぽいまだらもようを作ります。こうして自然に作りだされるそぼくな温かみが、信楽焼の持ち味です。

室町〜安土桃山時代には、茶道で使う茶わんが多く作られた

さらりとしてすずしい夏むけの織物
近江上布(おうみじょうふ)

「上布」とは、麻糸を使って織る上等な布のことです。つやがあり、肌ざわりがさらっとしているため、夏の着物としてよく使われます。近江上布には、「かすり」と「生平(きびら)」があります。江戸時代には農家の副業としてさかんに作られ、商人たちが全国に売り歩いたことで広まりました。現在は、彦根市や愛荘町などで作られています。

生平には、よこ糸を手でよりながらつないだ麻糸を使うのよ

かすりには、くし型の道具を使って染める「櫛押しな染」と型紙を使って染める「型紙な染」がある

京都府

西陣織の職人さんで、高い技術を認められた「伝統工芸士」はなんと300人以上もいるよ！

日本を代表する高級織物

西陣織

西陣織には多くの工程があり、それぞれに専門の職人がいる。現在は約6500人の職人が働いている

絹糸や金銀の糸、金ぱく・銀ぱくなどを用いて作られる、はなやかでぜいたくな織物。現在は、京都市の北西部を中心に作られています。京都で、織物そのものは奈良時代より前から作られていましたが、「西陣織」と呼ばれだしたのは室町時代よりあと。名前のゆらいは、作られはじめたのが応仁の乱の西軍の陣地があった場所だったからです。

"せんすのふるさと"で作られるせんす

京扇子

茶道で使われる「茶扇」、日本舞踊などで使う「舞扇」、お祝いのときに使う「祝儀扇」などの種類がある

せんすは平安時代に京都で生まれました。もともとは、タケやヒノキの木をうすく切った板を何枚か重ねたものでしたが、やがてタケと紙でできた「紙扇」が作られるようになりました。平安時代には中国にも輸出され、のちに海外から逆輸入もされました。絹を使った「絹扇」は、外国から持ちこまれたアイデアです。

京都で焼かれる、さまざまな焼物

京焼・清水焼

石川県の九谷焼をはじめ、全国の焼物に影響を与えた

京都では、大和朝廷の時代に焼物がはじまりました。室町時代には茶の湯文化とともに茶わん、花を生ける花器、お香をたく香炉などが作られるようになりました。江戸時代には、職人がはなやかな色をつけるようになり、さらに芸術性が高まりました。現在、京都で焼かれる焼物全体を「京焼・清水焼」と呼んでいます。

大阪府

伝統的な技法で組みあげる木工品
大阪唐木指物

「指物」とは、くぎやねじを使わずに組み立てた木工品のこと。「大阪唐木指物」ではシタン、コクタン、カリンなどの木材で机、かざりだな、花台、箱などが作られます。つぎ目は、さまざまな種類の「組手」という方法で合わされます。表面は数種類のペーパーでみがきあげ、うるしをぬり重ねてしあげます。

材料の唐木の乾燥だけで4〜5年。加工もほとんど手作業のため、時間と手間がかかる

「唐木」というのは、中国（当時の唐）から伝わっためずらしい木という意味なの

すんだかがやきのスズ製の器
大阪浪華錫器

スズはやわらかい金属のため、ほとんどの工程が手作業で行われる

主に酒器や茶器が作られる

スズは金、銀にならぶ貴重な金属でした。そのため、昔は宮中で使う器や神社で使う神具など、特別なものに使われました。錫器作りは、江戸時代にはじまりました。昭和のはじめには、府全体で300人以上の職人がいたといいます。「大阪浪華錫器」は、スズが97パーセント以上です。

天然竹をいかした気品あるすだれ
大阪金剛簾

マダケを細くして竹ひごを作り、編みあげていく。すだれの両側にふちどりの布をぬいつけ、最後に、ふさと金具をとりつける

富田林市や河内長野市で生産される竹工品。金剛山および葛城山のふもとや、石川の西岸地帯に生えるマダケを使って作られます。江戸時代に、富田林に住みついた武士が竹かごなどを作りはじめ、それを村人に教えたといわれています。「大阪金剛簾」は、日本らしい雰囲気と風格をもった伝統的なすだれとして知られています。

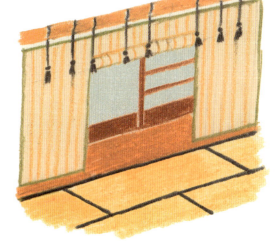

兵庫県

強くしなやかなコリヤナギのかご
豊岡杞柳細工

コリヤナギというヤナギの枝で編んだ細工物。豊岡では昔からかごや行李などが作られてきました。行李は衣類を入れたり運んだりするための容器です。江戸時代には、「豊岡の柳行李」として全国的に名が知られました。杞柳細工には全部で57種類の編み方があり、さまざまなバスケットやバッグが楽しめます。

コリヤナギは、水にひたすとやわらかくなり、かわくとかたくなる。この性質を利用して、編みあげていく

珠はじきのよい、そろばん
播州そろばん

小野市で作られる伝統的なそろばん。よりすぐりの材料と高い技術で作られた「播州そろばん」は、ちょうどよい重さがあって使いやすく、珠をはじきやすいのがみりょくです。そろばんの珠にはカバやツゲの木が用いられます。わくにはコクタンなどのかたくて重い天然木が使われます。

珠をたくさん入れた箱のなかで、わくを左右にゆすって、じくに珠を通す

みがきあげられた美しさがある。珠をはじくと「ぱちん」とすんだ音がして心地よい

毛ばりの大きさは1センチ足らず。現在もすべて昔ながらの手細工で作られている

動かすとまるで生きているよう
播州毛鉤

「毛ばり」は、魚をつるときに使われるはりの一種です。はりに鳥の毛を巻きつけ、うるしをぬって金ぱくをつけます。昆虫のように見えるので、アユ、イワナ、ヤマメなどがえさとまちがえて食いつきます。「播州毛鉤」は昔から西脇市や丹波市などで作られてきました。明治時代には「魚がよくつれる毛ばり」として人気が高まりました。

奈良県

高山だけに伝わる茶せん作りの技
高山茶筅

茶道で、抹茶をまぜたり、あわ立てたりするのに使う道具が「茶せん」。室町時代に、現在の生駒市高山地区で作られたのが、「高山茶筅」のはじまりです。茶せんの形や材料に使うタケの種類は、茶道の流派や使い道によってことなります。高山では、現在60種類以上の茶せんを作っています。

高山茶筅作りの技は、後継者になる子にだけ伝えられる「一子相伝」。そのため、この地区だけで受けつがれる

内側の細い穂をヘラで中心によせ、茶せんの大きさを決める

空海が伝えた筆作りの技術
奈良筆

奈良の筆作りは、平安時代にはじまりました。その技術を伝えたのは、書道の名人でもあった僧の空海（弘法大師）です。奈良時代は中国から仏教が入ってきて、多くの人が写経をするようになったので、筆もたくさん作られました。筆先はヤギやウマ、イタチ、リス、タヌキなどの動物の毛で作ります。じくには主にタケが用いられます。

毛の長さやこしなどを考えて、約10種類の毛を組み合わせる。動物の種類や体毛の部位などを見きわめるには、経験とかんが大事

同じ動物でも季節や年齢などによって毛の性質はかわるんだ

和歌山県

高い技術で組まれたキリのたんす
紀州簞笥

和歌山市を中心に作られる、桐だんす。和歌山は昔から、木材を組みあげる「組手」の技術がこまかく正確なことで知られています。江戸時代の終わりごろには、この地でたんす作りの技術が完成しました。「紀州簞笥」は使い勝手がよく、じょうぶで長持ちします。また、上品さもあり、よめ入り道具としても人気です。

「焼き桐仕上げ」は、たんすの表面に炎で焼き色をつけ、砥の粉とロウでしあげたもの

砥の粉は、砥石を切り出すときにでる粉、または黄土を焼いた粉のこと

砥石は金属や岩をみがいたり、けずったりする道具だよ！

「砥の粉仕上げ」では、ヤシャブシという木の煮汁と砥の粉をまぜ合わせたものを表面にぬり、そのあとロウでみがく

根来ぬりが代表的な漆器
紀州漆器

海南市の黒江地区を中心に作られる「紀州漆器」は、別名を黒江ぬりともいいます。今から400年以上前に、地元のヒノキの木を使って「渋地椀」が作られました。渋地椀は、柿渋に木炭の粉をまぜたものを下地にぬったおわんです。やがて「根来ぬり」の技法が生まれ、さらにまき絵の技術などもくわわって、今の紀州漆器となりました。

黒うるしで下ぬりをし、その上に朱ぬりをする「根来ぬり」は、この地で生まれた技法。ところどころ黒うるしが見えるのが独特のおもむき

中国四国地方

- P.38 鳥取県　弓浜絣／因州和紙／出雲石燈ろう
- P.39 島根県　石見焼／雲州そろばん／石州和紙
- P.40 岡山県　備前焼／勝山竹細工
- P.41 広島県　宮島細工／福山琴／熊野筆
- P.42 山口県　萩焼／赤間硯／大内塗
- P.43 徳島県　大谷焼／阿波和紙／阿波正藍しじら織
- P.44 香川県　丸亀うちわ／香川漆器
- P.45 愛媛県　砥部焼／大洲和紙
- P.46 高知県　土佐和紙／土佐打刃物

鳥取県

弓浜絣
藍色の地に白いもようを織りあげたかすり

米子市から境港市まで続く弓ヶ浜で作られる、かすりの織物。図がらに合わせて糸を染めてから織る「先染」の技法を使って、藍色の地に白いもようを織りあげます。木綿の生地は暖かく、水や汗をよくすうので、ふだん用にぴったりです。この地で織物がさかんになったのは、糸の原料となる綿がよく育つ気候や条件がそろっていたためです。

図がらは動植物や景色、物語、生活道具、きかがくもようなどさまざま。なかでも松竹梅や鶴亀が多い。かすり織りの作り手だった農家の女性たちの、着る人の幸せを願う気持ちがこめられている

まつ

つる

かめ

因州和紙
さらさらと筆がはしる和紙

因州は今の鳥取県東部。昔の資料から、奈良時代にはここで和紙が作られていたと考えられています。因州和紙は筆のすべりがよく、筆につけた墨がなくなりにくいのがとくちょう。今は書道や絵画用としてよく使われます。

出雲石燈ろう
島根と鳥取に伝わる石の工芸

「来待石」と呼ばれる石で作る灯籠。来待石は、島根県松江市宍道町でとれます。やわらかくて加工がしやすく、新しい石でも古びた味わいがあって、灯籠にはうってつけです。島根や鳥取で石灯籠が作られだしたのは、約400年前。茶の湯をする人たちに愛され、全国に広まりました。

コケがついて自然となじむと、より美しくなる

島根県

石見焼
大型の水がめで知られる陶器

江戸時代から、江津市を中心とした石見地方で焼かれている陶器。この地方でとれる土は、高温で焼くとかたくしまり、水を通しにくく、われにくい陶器になります。「大はんどう」と呼ばれる大きな水がめは、石見焼のとくちょうです。

酸や塩分にも強いので、つけものなど食品を入れるのに便利

かさ立てや屋外用テーブルセットなども作られているよ

雲州そろばん
出雲で作られる質のよいそろばん

雲州は出雲国の別名で、今の島根県東部。ここでは昔から地元のカバ、コクタン、ツゲなどの木材を使って、そろばん作りが行われてきました。もともとよく切れる刃物が作られていて、かたい木材を加工する技術があったからです。「雲州そろばん」のとくちょうは、珠の作りが正確なこと。珠をはじくとスッと動き、ピタッと止まります。

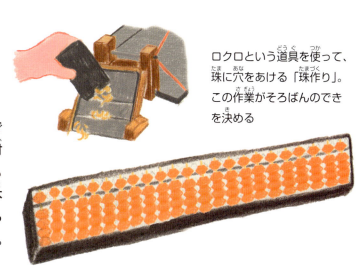

ロクロという道具を使って、珠に穴をあける「珠作り」。この作業がそろばんのできを決める

石州和紙
黄色をおびたじょうぶな和紙

書画のための画仙紙や便せんなどのほか、古文書や歴史資料などを修復するのにも使われる

石州は石見国の別名で、今の島根県西部。ここで昔から作られている、じょうぶで光沢のある紙が「石州和紙」です。石州和紙のなかでもコウゾで作られている石州半紙は、2009年にユネスコ無形文化遺産に登録されました。

岡山県

そぼくさと力強さがとくちょうの焼物
備前焼

うわぐすりをかけずに焼き、絵がらもつけないシンプルな焼物。かまのなかで土と炎によって自然に作りだされる色やもようが持ち味です。これを「景色」といい、ゴマをふりかけたように見える「胡麻」、部分的に景色が変わる「桟切」、ワラのもようの「緋だすき」など、さまざまな種類があります。

胡麻

桟切

緋だすき

うわぐすりをかけずに焼くことで、ぐうぜんに生まれる変化が楽しめる

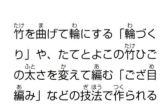

昔は農具類がよく作られたんだって。今は花器やパンかごなど、いろいろな製品があるよ

使いこむほど味わいが出る竹細工
勝山竹細工

真庭市勝山で作られる竹細工。「そうけ」と呼ばれるザルが有名です。江戸時代の終わりには、「張そうき」と呼ばれる竹かごが作られ、現在まで伝えられています。材料のマダケを日にさらしたり、皮をむいたりせずに、そのまま使うのがとくちょう。そのため、力強いそぼくさがあり、使っていくうちにつやが出てきます。

竹を曲げて輪にする「輪づくり」や、たてとよこの竹ひごの太さを変えて編む「ござ目編み」などの技法で作られる

広島県

宮島細工

宮島みやげのしゃもじで有名

はじまりは江戸時代後期からで、廿日市市宮島町で作られる木工品です。広島県は森林が豊かで、なかでも廿日市市は木材が集まる場所だったため、木材加工がさかんになりました。宮島細工には「杓子」、「ロクロ細工」、「宮島彫」の三つがあります。杓子とは、しゃもじのことで、米つぶがつきにくく、その品質のよさから日本一の生産量をほこっています。

1790年ごろ、修行僧が町のみやげものとして考え、作り方を教えたとされている

杓子

ロクロ細工

宮島彫

宮島彫はおぼんや柱にほどこされ、置物としても人気がある

福山琴

最高級のキリの木で作る琴

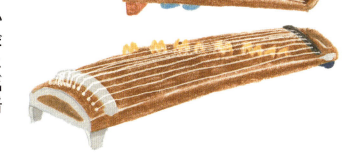

ことの裏面には、こまかなもようが彫られる。この彫りによって、音のひびきが変わる

現在、福山市では全国の琴の70パーセントが作られています。すんだ音色と、キリの木目の美しさ、手のこんだかざりがみりょくです。福山城の城下町として栄えたこの地では芸ごとがさかんで、江戸〜明治時代には琴の名手、葛原勾当がいました。それで、福山琴は全国的に有名になりました。

長さや質のちがう毛をまぜ合わせてまとめる。根元を糸でしばり、焼きごてをあててかためると、穂首（筆の毛の部分）が完成

熊野筆

大きさや形はさまざま

江戸時代の末ごろから安芸郡熊野町で作られている伝統的な筆。質のよい筆を作ることで知られ、国内外で人気です。書道用の毛筆の技術をいかして、絵画用の絵筆や化粧用の化粧筆の生産もしています。

山口県

現在、県内には萩焼のかま元が130以上もあるんだって。人気の高さがわかるね

萩焼（はぎやき）

使ううちに色が変わっていく焼物

かまのなかの火加減によって自然に生まれるもようも味わい深い

萩市を中心に作られる焼物。萩焼の土は、地元でとれる数種類の土をまぜて使います。低い温度で長い時間焼いた器は、独特の白色やびわ色になります。萩焼は水分をすいやすく、長く使っていると、だんだん色が変わっていくのがとくちょう。この「萩の七化」と呼ばれる変色が、萩焼の楽しみの一つです。

赤間硯（あかますずり）

品質のよい赤間石で作ったすずり

墨をする部分を「陸」という。赤間石のざらつきは一定で、目が小さい

室町時代にはすでに下関市で作られ、現在は宇部市を中心に作られているすずり。材料の「赤間石」は、かたくて水をすいにくいので、すずりむきです。このすずりで墨をすると、のびのよい墨汁になります。すずり作りは、「形作り」、「内彫」、「みがき」、「仕上げ」などの作業があります。

大内塗（おおうちぬり）

独特の色のうるしを下地に使った漆器

伝統の技術・技法をいかして作る「大内人形」は、大内塗の代表格

大内菱

室町時代に今の山口県で活躍した大内氏が、中国などへの輸出品として生産をすすめたことから、この名がつきました。大内塗のとくちょうは二つ。一つは、赤でも茶色でもない「大内朱（古代朱）」と呼ばれるうるしを、下ぬりに使う点。もう一つは、黄緑色のうるしで秋草を描き、大内氏の家紋「大内菱」を金ぱくではる点です。

徳島県

大人が入れるほど大きなかめが有名
大谷焼

鳴門市大麻町で作られる焼物。230年以上の歴史があります。食器や花びんなどの日用品から、人がすっぽり入るサイズのかめまで作ります。この大きなかめは、藍染めでも使われます。かめを地中にうめて、そこに染料をみたし、糸や布などをつけて染めます。

大きなかめは、職人が二人一組で作る。一人が寝ころがり、足でけってロクロをまわす。もう一人が形を作る

大谷焼の大きなかめを焼くかまも、日本一の大きさといわれているよ

しなやかで、やぶれにくい和紙
阿波和紙

今から約1300年前、朝廷につかえた忌部氏が、今の吉野川市山川町あたりにコウゾという植物を植えました。これを紙の原料として、和紙作りがはじまりました。阿波和紙は、江戸時代には阿波藩に納めるために、たくさん作られました。明治時代には、阿波和紙を藍で染めた「藍染和紙」で、さらに人気が出ました。

阿波和紙といえば「藍染和紙」。染料には、この地域の特産である「阿波藍」が使われる

アイの葉

布の表面にシボという凹凸があり、軽くてすずしいのが阿波しじら織のとくちょう

阿波藍で染めた糸で織る綿織物
阿波正藍しじら織

この工芸品は、二つの技術で作られます。「阿波しじら織」という織物の技術と、「阿波藍」という染料を作る技術です。阿波藍は、アイの葉を発こうさせて作ります。昔から阿波藍は品質がよいことで有名で、「阿波正藍」とも呼ばれてきました。

香川県

こんぴら参りのみやげうちわ
丸亀うちわ

丸亀市で昔から作られているうちわ。柄と骨を1本のタケから作るのがとくちょうです。丸亀市は1億本以上のうちわを作っていて、全国の生産量の90パーセントをしめます。江戸時代には、金刀比羅宮にお参りする人のおみやげとして「男竹丸柄うちわ」が作られ、人気になりました。そのあと、「女竹丸柄うちわ」や「男竹平柄うちわ」ができました。

男竹丸柄うちわ
太いタケをそのまま柄にする

女竹丸柄うちわ
細いタケを使う

男竹平柄うちわ
太いタケをわって平たい柄にする

種類の豊富さで日本一の漆器
香川漆器

高松市を中心に作られる漆器。机やたな、おぼん、茶道具など、種類の多さでは日本一です。はなやかなもようや色、手にとったときのしっとりとした肌ざわりが持ち味。こうしたとくちょうは、五つある技法から生みだされます。

香川漆器の技法は、江戸時代にタイや中国から伝えられ、日本古来の技法とあいまって独自のものになったのよ

もっとも代表的な技法「蒟醤」は、何度もぬり重ねたうるしのうえに、ケンという刀で線を彫り、そのくぼみに色うるしを入れる

愛媛県

砥部焼
厚手でふだん使うのによい陶器

主に砥部町と松山市で作られる焼物。白地に「呉須絵」と呼ばれるもようがとくちょうです。「呉須」は、焼くと青くなる絵具のこと。原料の土には、砥部町の上尾峠でとれる石の粉を使います。砥部焼は厚みがあるので、熱いものを入れても冷めにくく、持ちやすいのがみりょくです。

現在では、うす手のものや絵つけをしたものなども作られている

大洲和紙
書道半紙として人気の高い和紙

西予市や喜多郡内子町で作られる和紙。書道用の半紙や障子紙などが作られています。とくに書道半紙は、多くの書家から愛されてきました。和紙を数年おいておき、よい具合に水分が抜けると、「枯れる」といわれる状態になります。すると、さらに筆のすべりがよくなり、墨もよくなじむようになります。

大洲和紙の歴史は、平安時代の書物にも記録が残っているほど古いんだ

江戸時代から続く紙作り。寒い冬でも1枚1枚、手作業ですいていく

高知県(こうちけん)

世界一うすい和紙も作ることができる
土佐和紙(とさわし)

土佐市、吾川郡いの町などを中心に伝わる和紙。県内には、原料となるコウゾやミツマタ、紙をすくための道具を作る技術、紙すきの技術のすべてがそろっています。そのため、昔から和紙作りがさかんでした。今では書道用紙や障子紙、絵画用紙など、さまざまな種類の紙が作られています。

土佐和紙には、世界一うすくてじょうぶな「土佐典具帖紙」を作る技術がある。そのうすさは0.03ミリ

土佐典具帖紙は海外の展覧会に出品されて、外国人からも高い評価を受けたよ

じょうぶで見事な切れ味の刃物
土佐打刃物(とさうちはもの)

森林が豊かな高知県では、山から木を切りだすのに、よく切れる刃物が必要でした。そのため、刃物を作る鍛冶職人たちが技術を高めていきました。土佐打刃物はあつかいやすく、切れ味がするどく、じょうぶなのがとくちょうです。なたやおのなど山仕事に使う刃物だけでなく、ほうちょうやナイフといった料理や工作などに使う刃物も多く作られます。

かま / ほうちょう / なた

金属のかたまりを約1000℃で熱し、やわらかいうちにたたいて強くする。よく切れる刃物にするには、いくつもの工程が必要

九州沖縄地方

- P.48 福岡県　久留米絣／博多人形／八女提灯
- P.49 佐賀県　伊万里・有田焼／唐津焼
- P.50 長崎県　波佐見焼／三川内焼
- P.51 熊本県　天草陶磁器／肥後象がん／小代焼
- P.52 大分県　姫だるま／別府竹細工
- P.53 宮崎県　宮崎ロクロ工芸品／日向はまぐり碁石
- P.54 鹿児島県　薩摩焼／川辺仏壇／本場大島紬
- P.55 沖縄県　琉球絣／琉球びんがた／八重山ミンサー

福岡県

少女が生みだしたかすりもよう
久留米絣

久留米市、筑後市、八女市、八女郡広川町で作られる綿織物。じょうぶで、洗うほど美しくなります。藍色の地に描かれる白いがらは、「十字」、「市松」、「井桁」などのそぼくなもようです。これらのがらを織る技術は、1800年ごろに井上伝という少女が考えだしました。今では、国の重要無形文化財になっています。

十字　市松　井桁

「絵台」という道具に糸をはり、図案に合わせて、糸のどの部分を染めるかを決める

生きているような表情豊かな人形
博多人形

福岡市、大野城市、筑紫野市などで作られる人形。1600年ごろに、手先のきような瓦職人がねん土で人形を作りました。これが「博多人形」のはじまりです。最初は色づけをしないそぼくな人形でしたが、やがて美しく色をぬるようになり、今のような姿になりました。

歌舞伎や能を題材にした「歌舞伎もの」や「能もの」、女性をかたどった「美人もの」、子供をかたどった「童もの」、ひな人形や五月人形などの「節句もの」などがある

うすい和紙をはって、草花や鳥などの絵を描く

ほんのりとやさしく照らすちょうちん
八女提灯

八女市周辺で作られるちょうちん。このあたりは昔からタケや和紙が手に入りやすく、ちょうちん作りがさかんでした。1816年ごろに、「場提灯」というそぼくなちょうちんが作られたのが、はじまりとされています。やがて技術がみがかれ、今のような上品で手のこんだものが作られるようになりました。

佐賀県

日本ではじめて作られた磁器
伊万里・有田焼

1616年に、現在の佐賀県有田町で磁器の原料になる陶石が発見されました。それから、日本初の磁器が作られはじめました。磁器はそれまで作られていた陶器に比べて、色がすき通るように白く、じょうぶです。また、うわぐすりや絵具の色もきれいに出ます。伊万里焼と有田焼は産地はちがいますが、材料や作り方は同じです。

陶器とはことなるみりょくをもつ「伊万里・有田焼」は、あっというまに全国で人気になった

おちついた色ともようの陶器
唐津焼

400年以上前から唐津市や伊万里市、武雄市などで作られる焼物。鉄分の多いねん土で作られる陶器で、色は茶色っぽいです。その持ち味をいかすため、あまりはなやかな着色はされません。このそぼくさが、茶の湯で好まれました。

陶器は、そぼくな親しみやすさがみりょく。それぞれによさがあるんだね

京都の楽焼、山口の萩焼とならんで「日本三大茶陶器」として、茶人たちに愛された

長崎県

波佐見焼
焼物の町、波佐見で作られる磁器

波佐見町では、日用品として使うものや、芸術的な上品さをもつ製品まで、はば広く作られています。日用品むけとしては、「くらわんか碗」が有名です。美術品として海外でも人気なのが「コンプラ瓶」です。こちらは、出島から東南アジアやヨーロッパへ輸出されました。

くらわんか碗

コンプラ瓶

美しい白色に、青い色でつけられた染付がとくちょう。時代とともに、絵がらもかえられてきたので、伝統的な絵がらから現代的なものまである

三川内焼
高度な技で生みだされる磁器

佐世保市で作られる磁器です。400年ほど前、平戸藩御用がまとして発達した三川内。代表的な絵がらである「献上唐子」をはじめ、技術を極めた「細工もの」などが、幕府や朝廷に献上品として納められました。

菊細工

絵具で絵つけする「染付」や、竹べらで菊の花びらを作る「菊細工」、こまかいもようをくり抜く「透かし彫」などの技法がとくちょう的

献上唐子の絵には、使う人の健康と長生きをいのる意味があるよ

熊本県

かま元ごとに表情がちがう焼物
天草陶磁器

江戸時代から、天草地方で作られている陶器と磁器。かま元ごとに得意とする技法がちがい、「水の平焼」や「丸尾焼」、「高浜焼」など個性のことなる焼物が楽しめます。水の平焼は「なまこ釉」といううわぐすりを使い、独特のもようを生みだします。高浜焼は、すき通るように白い器。丸尾焼は、そぼくでだいたんな味わいをもちます。

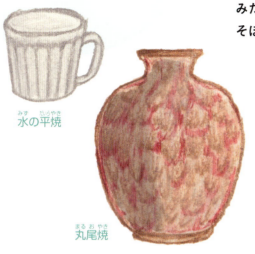

水の平焼　丸尾焼　高浜焼

刀のかざりから発展した象がん
肥後象がん

肥後は今の熊本県のこと。「象がん」は、鉄などの金属に金や銀でもようを描く技法の一種です。江戸時代、うでのよい鉄ぽう職人が作りはじめました。昔は主に刀のかざりとして用いられましたが、今では日用品やアクセサリーなども作られています。

鉄に刃物で傷をつけ、そこに金や銀のうすい板を打ちこんでいく。そのあともいくつもの工程があり、完成まで手間がかかる

だいたんにうわぐすりをかけた焼物
小代焼

荒尾市や南関町を中心とした県北部で作られる焼物。ねん土の性質や焼く温度などによって、さまざまな色になります。小代焼の技法の一つに、「打ち掛け流し」があります。これは、焼く前の器にひしゃくでうわぐすりをいきおいよくふりかける方法です。焼くとうわぐすりの流れが、何ともいえない味わいを出します。

どっしりとした形の器に、ワラの灰を使ったうわぐすりが自由で力強いもようを描く

大分県（おおいたけん）

姫だるま（ひめ）

おちょぼ口がかわいいだるま

赤い着物を着て、やさしい顔でほほえんでいる「姫だるま」。今から370年ほど前から、竹田市で作られています。その昔、綾女という武士の妻がいて、まずしい生活でも家族で愛を深め、家を盛りたてました。このことから、苦労してもあきらめずに努力して幸せをつかむ「七転び八起き」のだるまのモデルになりました。

細く切った新聞紙や和紙を木型にはり重ねる。かわいたら背中に切れ目を入れ、木型をとりだす

地元では正月2日の早朝、姫だるまを家々にとどける「投げ込み」の行事が行われる

姫だるまは、家庭円満や商売繁盛のシンボルとして、人々を見守ってきたよ

別府竹細工（べっぷたけざいく）

400もの編み方がある竹細工

別府市を中心に大分市や宇佐市、臼杵市、竹田市などで、マダケを使って作られます。江戸時代に、別府温泉のおみやげとして全国に知られるようになりました。「別府竹細工」のとくちょうは、その編み方です。日本各地の竹細工の技法をとりいれ、現在の編み方は400種類にもなります。

ことなる編み方を組み合わせて、さまざまなデザインや使い道の製品が作られる

宮崎県

木のぬくもりが伝わる

宮崎ロクロ工芸品

ケヤキやサクラなどの木材選びから「荒ぐり」や「仕上げ」、「塗り」といった工程を職人が手作業で行います。機械に木材を固定し、くるくる回転させながら、木製のグラス、おぼんなど丸い形の工芸品を作っていきます。木目をいかして、ぬくもりが伝わる見た目がみりょくです。

とくに囲碁の石を入れる碁笥は、全国の囲碁愛好者から人気

制作には経験と幅広い技術が必要なのよ

日本中ここでしか作られない

日向はまぐり碁石

囲碁に使われる碁石は、白と黒の2色で、丸い形をしています。白いはまぐり碁石は、日向市が全国唯一の生産地です。その名の通り、天然のハマグリのからで作られています。日向のハマグリはとても貴重で、「最高級の碁石」といわれています。

白石は、ハマグリ特有のきめこまやかなしまの目が美しい。黒石は三重県の熊野市でとれる「那智黒石」という石から作られる

鹿児島県

薩摩焼
「白もん、黒もん」で親しまれる陶器

戦国時代から、薩摩国（今の鹿児島県）で作られる焼物。白い色をした「白薩摩」と、黒い色をした「黒薩摩」があります。白薩摩は、磁器の白さにあこがれて作られた陶器で、藩主用です。黒薩摩は、ふつうの人々に広く用いられました。金色の絵具で絵つけした「金細工」は、海外では「サツマウェア」と呼ばれて人気です。

薩摩の人たちは白・黒それぞれの薩摩焼を、親しみをこめて「白もん」、「黒もん」と呼んだ

川辺仏壇
職人たちの高度な技が光る仏だん

川辺地方は古くから仏教がさかんで、仏さまやご先祖を大切にまつってきました。「川辺仏壇」は、重々しく尊い空気をただよわせる高級仏だんです。金ぱくやうるしぬり、彫刻、かざり金具など、さまざまな技法をこらした細工がすみずみまで行きとどいています。

川辺では仏だん作りの技術をいかして、神社のおみこしも作っているよ

本体の下地には、動物の皮や骨から作る「ニカワ」と貝がらから作る「胡粉（とのこ）」をまぜたものを、くり返しぬる

本場大島紬
宮崎と鹿児島で作られる絹織物

インドの「インカット」という織物を手本に生まれたといわれる「本場大島紬」は、奈良時代から作られています。「泥染」で、絹糸を黒や茶などの深い色合いに染め、こまかいもようを織りあげます。「泥染」は、鉄分を多くふくんだどろと、バラ科のシャリンバイから作る染料に、交互につけて染める技法です。

奄美大島の自然をとりいれた伝統的ながら。「龍郷柄」はソテツの葉やヘビの仲間であるハブを描いたもの

沖縄県

琉球絣

豊富な図がらが楽しいかすりの織物

昔は沖縄で作られるかすりの織物を「琉球絣」と呼んでいました。今は、主に南風原町で作ったものをいいます。図がらはおよそ600種類もあります。たとえば、鳥をデザインした「トゥイグヮー」、つめを描いた「チミヌカター」、風車を描いた「カジマヤー」など、どれも身近なものです。

トゥイグヮー　チミヌカター　カジマヤー

琉球絣は着物だけでなく、現代的な感覚をとりいれて、せんすやかばんなどにも使われる

琉球びんがた

南国らしいあざやかな色の染物

びんがたの「びん」は沖縄で「色」の意味です。「がた」はもようのこと。琉球びんがたは、赤、黄、青などのはっきりとした色の染物です。南国の明るい太陽や、青い海や空、色とりどりの草花や山の緑にもまけない美しさです。とくに、黄色は位の高い色として、王族が身につけました。

もようは、サクラやモミジ、雪、波など自然のものが好んで描かれる

八重山ミンサー

愛する男性におくる帯から発展

石垣市と竹富町で作られる綿織物。五つの四角でできたもようと、四つの四角でできたもようが織りこまれます。これは、「いつ（五つ）世（四）までも末ながく」という意味がこめられています。もとは「ミンサーフ」という帯で、女性から夫になる男性におくられました。

帯のほかにも、今はネクタイや財布などが作られている

人形マメ知識

伝統的な人形作りは、京都を中心に日本中に広まったといわれています。
ひな祭りや子供の日など、季節の行事のなかでも
大切にされている人形には、どんなものがあるのでしょうか？

北海道・東北地方

〈木彫り人形〉

木を彫ったり、けずったりして作る人形。そぼくな表情がかわいいこけしがその代表。

関東地方

〈木目込人形〉

どう体に衣装のひだや帯の形を彫りこみ、彫ったみぞに布地を「木目込む」（はめこむ）ことで衣装を着ているように見せる人形。

中部地方

〈衣装人形〉

木やワラなどで作ったどう体に、ごうかな衣装を着せた人形。頭や手足を真っ白にぬってみがきあげ、どう体にさしこんでいる。

九州・沖縄地方

〈土人形〉

ねん土で形を作り、素焼きしたもの。素焼きしたあと、色をぬる。各地で郷土色豊かな土人形が作られている。

竹永絵里（たけなが・えり）

イラストレーター。多摩美術大学美術学部情報デザイン学科卒業。
F-SCHOOL OF ILLUSTRATION、山田博之イラストレーション講座受講。
書籍、広告、WEB、雑貨デザインなどで活躍中。
多くの人に親しまれるイラストを描く。
近年は、海外でも個展やワークショップを開催。趣味は旅行！
HP：http://takenagaeri.com

編集：ナイスク（http://naisg.com）
プロデューサー：松尾里央
高作真紀／中野真理／埜邑光／鶴田詩織
執筆：松本理恵子
装丁・デザイン：遠藤亜由美
DTP：高八重子

本書では、同じ漢字表記のものでも、ふりがなや送りがなの表記が
異なる場合がありますが、それぞれの地域の名称を尊重しております。

参考文献：『ポプラディア情報館 伝統工芸』（ポプラ社）／『都道府県別 日本の伝統文化 全6巻』（国土社）

わくわく発見！ 日本の伝統工芸

2017年5月30日　初版発行
2022年2月28日　5刷発行

画：竹永絵里
発行者：小野寺優
発行所：株式会社河出書房新社
〒151-0051　東京都渋谷区千駄ヶ谷2-32-2
電話　03-3404-8611（編集）03-3404-1201（営業）
https://www.kawade.co.jp/

印刷・製本　図書印刷株式会社
Printed in Japan　ISBN978-4-309-61343-7
落丁本・乱丁本はお取り替えいたします。
本書のコピー、スキャン、デジタル化等の無断複製は著作権法上での例外を
除き禁じられています。本書を代行業者等の第三者に依頼してスキャンや
デジタル化することは、いかなる場合も著作権法違反となります。

日本の伝統工芸クイズ

北海道・東北地方
将棋の街として有名な県はどこかな？
→ 答えは9ページ

関東地方
ヨーロッパのカットグラスをまねて作られたのがはじまり！
→ 答えは17ページ

中部地方
印章って何かわかるかな？
→ 答えは24ページ